Inhalt

IT-Markt - Google erweitert kontinuierlich sein Produktportfolio; nun auch mit Büro-Software

Kernthesen

Beitrag

Fallbeispiele

Weiterführende Literatur

Impressum

GENIOS WirtschaftsWissen Nr. 07/2006 vom 04.07.2006

IT-Markt - Google erweitert kontinuierlich sein Produktportfolio; nun auch mit Büro-Software

M. Westphal

Kernthesen

- Google verdient den Löwenanteil seines Gewinns mit Werbeeinnahmen aus dem Internet.
- Langfristig ist dieses eine Standbein zu wenig, so dass die langfristige Google Strategie eine Diversifizierung in andere Bereiche vorsieht.
- Ein Hauptaugenmerk in der

Diversifizierungsstrategie von Google liegt im Markt für Büro-Software und zielt auf den dortigen Hauptwettbewerber Microsoft ab.
- Google hat bereits eine Textverarbeitungs- und eine Tabellenkalkulationskomponente veröffentlicht und investiert weiter kräftig in die Verbesserung der Produkte.

Beitrag

Google bläst zum Angriff gegen die klassischen Erfolgsmodelle etablierter IT-Anbieter, indem es Software-Programme und Applikationen zur kostenfreien Nutzung ins Internet stellt. (6)

Google erschließt neue Erlösquellen für sein Unternehmen

Rund die Hälfte aller Internet-Suchanfragen laufen über Google. Googles nahezu kompletter Umsatz wird mit dem Verkauf von Anzeigen im Umfeld der Suchanfragen generiert. (3)
Diese Geldmaschine wird nicht ewig brummen,

versucht doch derzeit gerade Microsoft sein Geschäft mit der Internetsuche auszubauen. (3)
Google baut sich Stück für Stück Geschäftsfelder jenseits der Internet-Suche auf. (3)
E-Mail-Service, Blog-Dienst, Google-Talk (Online-Chat), Terminkalender oder Desktop-Suche mit Indizierung mehrerer Computer. Sämtliche Daten laufen unter einer Identität und werden unter dieser auch gesammelt. (2)
Google investiert in die Erschließung neuer Erlösquellen wie einen Online-Kleinanzeigendienst, die Versteigerung von Werbeplätzen in Zeitschriften, das Portal Froogle, welches Produkte vergleichen und online ordern lässt. (3)
Im März 2006 hat Google das Unternehmen Upstartle gekauft, welches Anbieter der Online-Textverarbeitung Writely ist. Bereits im vergangenen Jahr hat man mit dem IT-Konzern Sun eine Kooperation im Hinblick auf das kostenlose Bürosoftwarepaket Openoffice und eine bessere Abstimmung der Technologien der beiden Unternehmen vereinbart. (3), (4)
Anfang Juni diesen Jahres startete Google die Pilotphase des eigenen Tabellenkalkulationsprogramms "Spreadsheets", welches online über das Internet genutzt werden kann. Zunächst soll dieses Produkt nur einem geschlossenen Benutzerkreis im virtuellen Experimentierkasten Google Labs

(http://labs.google.com) zur Verfügung gestellt werden. (1), (3), (5)
Das jetzt vorgestellte Tabellenkalkulationsprogramm "Spreadsheets" wird zusammen mit der Textverarbeitungssoftware "Writely" für Google den Einstieg in die Online-Bürokommunikation und Datenverarbeitung darstellen. (1)
Bisher wird der Markt für Bürokommunikationssoftware im geschäftlichen wie im privaten Bereich von Microsoft mit seinen Produkten "Office" und "Works" beherrscht. (1) Diese Programmpakete kombinieren Textverarbeitung, Tabellenkalkulation und Präsentationssoftware und stellen eines der Microsoft-Kernprodukte dar. (1)
Zu einer kompletten Office-Suite fehlt Google lediglich noch ein Präsentationsprogramm wie Powerpoint. Dieses ist allerdings nur für Geschäftskunden relevant und befindet sich auf der Prioritätenliste erst jetzt nach der Vorstellung von Writely und Spreadsheets weiter vorne. (4)
Derzeit hapert es bei den vielen Google-Anwendungen noch an der Integration der einzelnen Bausteine. (6)

Ein wesentlicher Baustein der Google-Strategie ist das

kostenlose Angebot von Office-Software

Schon seit langem steht Microsofts Office im Wettbewerb mit anderen frei erhältlichen Office-Produkten. Trotzdem verkauft es sich noch immer sehr gut, weshalb Microsoft keine große Angst von dem Google-Produkt zeigt. (1)

Der wesentliche Unterschied von Googles Tabellenkalkulationsprogramm Spreadsheet ist, dass es ein Online-Programm ist. Damit muss auf dem eigenen Rechner auch keine Software installiert werden.
Es können bis zu zehn Nutzer gleichzeitig an den Tabellen arbeiten. Andere Nutzer können, egal ob bekannt oder nicht, per Internet-Chat zur Mitarbeit eingeladen werden. Es soll sich durch seine Online-Funktionen von der Konkurrenz abheben. Allerdings ist der Funktionsumfang bisher noch gering, so können zwar Sortierungen durchgeführt werden, komplexe Funktionen fehlen jedoch. (1), (3), (4), (5)
Das Spreadsheet-Programm kann Tabellen im Microsoft-Excel-Format einlesen und auch ausgeben. (1)
Die Dateien können auch aus dem Internet auf den eigenen Rechner geladen und dort weiter verarbeitet werden. (3)

Auch die Sicherheit kommt laut Google nicht zu kurz, so werden die Tabellen, die zentral auf Google-Servern im Internet gespeichert und verwaltet werden, gegen fremde Zugriffe geschützt. Gelöschte Tabellen werden laut Google-Versprechen spätestens eine Woche nach Löschung auch aus allen Google Zwischenspeichern verschwunden sein. (1)

Zielgruppe vom Spreadsheets-Programm sind kleine Unternehmen und private Gruppen. Da es noch einen deutlich geringeren Funktionsumfang im Vergleich zu Excel hat, ist Spreadsheets insbesondere auch für Gelegenheitsnutzer geeignet, die selten eine Tabellenkalkulation benötigen und dafür nicht gleich ein Programm kaufen möchten. (1)

Google sieht sein Programmangebot an Office-Software komplementär zu dem von Microsoft. (3) Google als unregulierter Gigant, der heute souverän 80 Prozent des Suchmaschinen-Marktes beherrscht, könnte der gefährlichste aller Angreifer auf Microsofts Office sein. (2)

Google und Microsoft liefern sich zumindest verbal bereits einen Schlagabtausch, so wird Google von Microsoft lediglich als one-hit-wonder bezeichnet, während Google in Microsoft nur einen weiteren neuen Wettbewerber sieht. (4)

Gehostete Büro-Software lockt durch geringere Kosten

Bei gehosteter Bürosoftware locken die geringeren Kosten nicht nur aufgrund gesparter Lizenzkosten, sondern auch aufgrund des eingesparten Managements für die Tools zur Software-Überwachung. Außerdem bietet gehostet Software den Vorteil, dass neue und überarbeitete Funktionen schneller genutzt werden können, da der Anwender nicht lange auf neue Updates warten muss. Außerdem ist der Zugriff auf die Applikationen weltweit sofern ein Internetzugang vorhanden ist möglich. (6)

Die Office-Produkte von Microsoft bieten zwar deutlich mehr Funktionalitäten. Für den Großteil der Nutzer sind aber die von Writely, Spreadsheets und anderen Online-Alternativlösungen angebotenen Grundfunktionalitäten vollkommen ausreichend. (6)

Microsoft wird kurz bis mittelfristig einen Milliardenbetrag in die Entwicklung seines webbasierten Office-Live-Angebots investieren. Denn auch Microsoft rechnet mit steigender Bedeutung von internetbasierten Angeboten. (6)

Googles Geschäftsmodell basiert auf "Gratis"-Angeboten im Internet

Immer häufiger tauchen im Internet verlockende und kostenlose Dienstleistungen auf. Immer häufiger stellt sich der Kunde aber auch die Frage: Kann man dem Internet trauen?
Nachdem Google schon eine kostenlose Textverarbeitung anbietet, kommt jetzt noch das Tabellenkalkulationsprogramm Spreadsheets dazu. (2)
Das Programm wird mittels des Web-Browsers vom PC zu Hause oder in der Firma ausgeführt. Die Daten werden dann auf Servern von Google in den USA gespeichert. Und das alles ist kostenlos. (2)
Warum sollte man dann noch ein Office-Paket von Microsoft kaufen? Microsoft verlangt für seine Software harte Währung, Google nur ein paar Daten und die Einwilligung, diese auch verwenden zu dürfen. (2)
Das problematische an derartigen "Gratis"-Angeboten wie dem von Google ist, dass der Kunde mittlerweile gar nicht mehr den Preis abschätzen kann, den er bezahlt. Der Wert der täglich

wachsenden Masse an Daten, die ein Nutzer jährlich in der Mega-Suchmaschine Google hinterlässt, ist kaum noch zu überblicken. (2)
Google ist nicht die einzige Firma, die im Internet Daten sammelt, aber wohl die mächtigste. Immer mehr seiner Angebote sind an eine Registrierung geknüpft. (2)
Mittels der Google-Toolbar werden Adressen von besuchten Seiten an Google-Server weitergegeben, wodurch Vorlieben wie auch Abneigungen, Lieblingsbeschäftigungen und Interessengebiete sorgfältig nachgezeichnet werden können. (2)
Auch Google muss am Ende des Tages Geld mit seinen Datenbergen verdienen. Bis jetzt wird ausschließlich über Werbung Geld verdient. Diese Abhängigkeit ist für das Unternehmen aber zu groß. Es hat immerhin eine Börsenkapitalisierung in der Größe von Deutsche Bank und Daimler Chrysler zusammen. (2)

Sollte irgendwann mal die gesamte Konkurrenz weg sein, könnte auch Google seine kostenlosen Angebote kostenpflichtig machen, eine Strategie, die gewaltig an Microsoft erinnert. (2)

Fallbeispiele

Es gibt schon seit mehreren Jahren Tabellenkalkulationen als Web-Service. Programme wie Wikicalc vom Spreadsheet-Erfinder Dan Bricklin, oder Jotspot, iRows und Numsum erlauben auch Sharing-Funktionen. (5)

Microsoft wird im kommenden Geschäftsjahr insgesamt 2,5 Milliarden US-Dollar in Forschung und Entwicklung investieren im Vergleich zu einer Milliarde im Vorjahr.

Mit Office-Software hat Microsoft im abgelaufenen Quartal ein Drittel seines Umsatzes gemacht. Der erwirtschaftete Gewinn im abgelaufenen Quartal lag bei gut zwei Milliarden US-Dollar und somit bei mehr als 50 Prozent des gesamten eingefahrenen Ergebnisses in diesem Zeitraum. Und die nächste Version, nämlich Office 2007, ist inzwischen in die zweite öffentliche Testphase eingestiegen und stellt mit dem Betriebssystem Vista im kommenden Jahr das wichtigste neue Produkt Microsofts dar. (1), (4)

Weiterführende Literatur

(1) Google setzt Microsoft bei Office-Software zu

aus WirtschaftsWoche online vom 2006-06-07

(2) GOOGLE Vertrauenssache
aus HANDELSBLATT online 07.06.2006 06:00:00

(3) Google besetzt Markt für Bürosoftware
Suchmaschinenbetreiber startet Test mit Tabellenkalkulationsprogramm und dringt damit in Microsofts Domäne vor
aus Financial Times Deutschland vom 07.06.2006, Seite 4

(4) Angriff auf Microsoft
aus Süddeutsche Zeitung, 07.06.2006, Ausgabe Deutschland, S. 23

(5) Google startet Web-basierende Tabellenkalkulation
aus Macwelt Online, Meldung vom 06.06.2006

(6) Google bastelt an gehosteter Suite als Alternative zur Microsoft-Lösung – Abgespeckte Bürowerkzeuge reichen aber nur für den Grundbedarf Redmonds Office droht Gefahr aus dem Web
aus Computer Zeitung, Heft 20, 2006, S. 11

(7) Tief in die Tasche
aus kress report vom 19.05.2006, Nr. 10, S. 30

Impressum

IT-Markt - Google erweitert kontinuierlich sein Produktportfolio; nun auch mit Büro-Software

Bibliografische Information der deutschen Nationalbibliothek

Die Deutsche Nationalbibliothek verzeichnet diese Publikation in der deutschen Nationalbibliografie; detaillierte bibliografische Daten sind im Internet über http://dnb.d-nb.de abrufbar.

ISBN: 978-3-7379-0318-9

© 2015 GBI-Genios Deutsche Wirtschaftsdatenbank GmbH, Freischützstraße 96, 81927 München, www.genios.de

Alle Rechte vorbehalten. Dieses Werk ist einschließlich aller seiner Teile – z.B. Texte, Tabellen und Grafiken - urheberrechtlich geschützt. Jede Verwertung außerhalb der Grenzen des Urheberrechtsgesetzes bedarf der vorherigen Zustimmung des Verlags. Dies gilt insbesondere auch für auszugsweise Nachdrucke, fotomechanische Vervielfältigungen (Fotokopie/Mikroskopie), Übersetzungen, Auswertungen durch Datenbanken oder ähnliche Einrichtungen und die Einspeicherung und Verarbeitung in elektronischen Systemen.